도로시 데이

가난한 자들을 위한 선물,
가톨릭 노동자
환대의집

아름으로 태어나서

도로시 데이

글·윤해윤

나무처럼
Namubooks

'도로시 데이는 괴로운 사람은 편안하게 해 주고
편안한 사람을 괴롭힌 탓에 이 상을 받는다.'

———

레테르 훈장 수상 이유

도로시 데이가 20대 시절엔,

여자들은 투표할 수 없었고,

인종 차별이 심했으며,

아메리칸 드림을 안고 온 이민자들과

가난한 노동자들의 가혹한 삶이 있었다.

반면에 부를 독점하는 백인 자본가들의 삶도 있었다.

도로시 데이는 어릴 때부터 이런 사회의 불공평함과

부당함에 의문을 품었고,

하느님을 부정하는 좌파가 되었다.

그녀는 사회의 부조리함에 저항했지만,
방향을 잡지 못해 스스로 몸부림치기도 했다.

피터 모린과의 만남은 운명이었다.
이 만남은 도로시 데이가
워싱턴의 '굶주림의 행진'에 참석한 직후에 이루어졌다.
대공황으로 일자리를 잃은 사람들의 시위,
'굶주림의 행진'에 가톨릭교인이 없는 것이
몹시 울적했던 도로시 데이는
주변 성당으로 발길을 돌렸고,
자신의 재주를 가난한 이들을 위해서 쓸
기회를 달라는 기도를 올렸다.
그리고 피터 모린이 찾아왔다.
그렇기에 도로시 데이는 평생토록 피터 모린이
이 기도에 대한 응답이라고 여겼다.

피터 모린은 도로시 데이에게
삶의 방향을 주었고,
도로시 데이가 펼치는 '가톨릭 노동자 운동'은
빠르게 전 세계로 확산해 나갔다.

이런 도로시 데이의 '가톨릭 노동자 운동'은
노동자들이 처한 현실을 폭로하고,
그들의 상처받은 영혼을 치유해 주는
〈가톨릭 노동자〉 신문 창간을 시작으로,
언제나 따뜻한 스프와 커피가 준비되어 있는 '환대의 집',
함께 농사를 지어 함께 나누는 '농장 공동체'로 이어졌고,
그 성과는 눈부실 만큼 화려했다.

도로시 데이가 스스로 인정했듯이,
그녀는 평생 하느님께 붙잡혀 살았다.
하느님을 대신해서 가난한 이들을 돌보았고,
언제나 노동자들 속에 있었고,
그들과 함께 숨 쉬며
그들과 함께 더 나은 사회를 위해 거리로 나가 시위했다.
도로시 데이는 늘 가톨릭교회가 그들과 함께하며
그들을 보호하기를 간절히 바랐다.

차례

종교는 아편이다 ——————— 1

"옛날에 아홉 형제가 있었는데,

다 고래잡이 선장이었지.

그런데 불행히도 모두 바다에 빠져 죽었어.

한 사람만 빼고.

그 사람이 바로 엄마 외할아버지야."

어린 도로시는 오빠들과 함께 엄마가 얘기하는

옛이야기에 귀를 쫑긋하고 있었다.

얼마나 다행인가!

살아남은 사람이 바로 엄마의 외할아버지라서.

그렇지 않으면 자신이 태어나지도 못했을 것이고,
오빠들도 없었을 테니 말이다.
도로시는 엄마의 외할아버지가 살아남은 것에 대해
감사하고 또 감사했다.

도로시 데이는 1897년 11월 9일,
뉴욕 브루클린에서 태어났다.
하얀 피부에 금발로 태어난 도로시는
인종 차별이 심한 미국 사회에서 상류 계급에 속했다.

도로시의 아버지 존 데이는 신문 기자로 엘리트였고,
보수적인 그는 인종 차별주의자였으며,
세상을 기득권 입장에서 바라보았다.
그에게 가장 큰 불행은,
나라의 안위를 해치는 위험한 사상에 물든 자식들이었다.
급진주의 딸 도로시와는 세상을 떠나는 그 날까지
화해하지 못했다.

엄마는 그레이스 데이로, 긍정적이고 알뜰했고,
어려움이나 역경이 닥쳐도 도무지 걱정하는 법이 없었다.

그레이스는 물을 무척 좋아했다.

그래서 샌프란시스코 해변과 이웃하는

오클랜드 해안가에 살았고,

바닷가를 하염없이 걷는 것을 즐겼다.

엄마를 닮은 도로시도 해변을 사랑했다.

1906년 도로시는 여덟 살이었고,

위로 오빠가 둘, 아래로 여동생이 하나,

늦둥이 아기 남동생이 있었다.

이 시기에 도로시가 평생을 잊지 못할 사건이 발생했다.

1906년 4월 18일 새벽 5시 12분,

진동 8.3 규모의 대지진이 샌프란시스코를 강타했다.

지진이 불러일으킨 화재가 온 도시를 집어삼켰고,

수도시설이 파괴되어 불을 끌 수 없던 도시는

잿더미로 변해 버렸다.

역사적으로 유명한 1906년 샌프란시스코 대지진은

3,000명 넘는 목숨을 빼앗았고,

30만 명의 집을 약탈했다.

지진이 일어난 새벽,

여덟 살 도로시는

무언가 불길한 기운에 잠에서 깨어

통제할 수 없는 공포에 사로잡혔다.

집이 바다에 떠 있는 배처럼 출렁였고,

침대는 요란하게 요동치며 끔찍한 소리를 냈다.

악몽 같은 몇 분이 지났고,

도로시네 집은 말 그대로 난장판이었으나,

다행히 다친 사람은 없었다.

책꽂이에 꽂힌 책은 남김없이 떨어져

사방에 흩어져 있었고,

그릇도 모조리 깨어진 채로 바닥에 뒹굴었다.

굴뚝이 무너진 집은

바닥부터 지붕까지 쫙 금이 가 벌어져 버렸다.

이날의 끔찍한 지진은 도로시에게

평생에 걸쳐서 영향을 미쳤다.

어린 도로시에게 이런 대재앙은

인간의 범위를 넘어선 신의 영역으로,

신이라는 존재는 참으로 끔찍하고도 냉정한

무서운 힘이라는 무의식이 깔렸다.

이후 도로시 가족은 부리나케 시카고로 이사했고,
시카고의 도로시 십 대 시절은 심심하기 짝이 없었다.
보수적인 아버지 때문에 바깥에도 나돌아다니지 못하고,
집에서 글을 쓰는 아버지 탓에
친구들도 집으로 데려오지 못했으니 말이다.
그저 집에서 조용히 책을 읽으며
시간을 보내는 것이 일상이었다.

시카고의 이사한 마을에 성공회 교회가 있었는데,
도로시와 두 오빠 도널드와 샘은 이 작은 교회에 다녔다.
도로시에게는 교회 생활이 무척 즐거웠다.
찬송가를 부르는 것도 신이 났으며,
성경을 읽고 암송하는 것도 만족감과 성취감을 주었다.
교회는 답답한 일상의 유일한 탈출구였다.

또 다른 즐거움은 늦둥이 동생 존을
유모차에 태우고 산책하는 것이었는데,
아기와의 산책은 정서를 안정시켰다.
도로시는 평생 어린 동생 존을 사랑하며 가까이 두었다.
첫사랑은 고등학교 여름방학 때 찾아왔다.

아기와 산책 중에 어떤 남자와 자주 마주쳤는데,

어떨 때는 하루에도 서너 번이나 마주치기도 했다.

언젠가부터 그 남자 옆을 지나칠 때면

가슴이 콩닥콩닥하고 마음이 설레었다.

그가 바라봐 주기를 간절히 원하면서 그 옆을 지나갔다.

만남이 반복되자,

그도 도로시와 마주칠 때면 곁눈질로 힐끔거렸다.

그럴 때면 도로시의 가슴은 터져나갈 것만 같았다.

그러나 내성적이고 숫기 없는 도로시는

남자에게 말 한마디 붙이지 못하고 그 여름이 지나갔다.

그는 음악가였고,

일요일과 수요일에 공원에서 밴드 공연을 했다.

그가 켜는 바이올린 선율은 참으로 아름다웠기에,

그 여름 내내 도로시는 여동생 델라와

공원에서 그의 공연을 보며 보냈다.

일요일 공연은 유난히 사람이 많고 더웠지만,

도로시는 한 번도 빠지지 않았다.

공연은 언제나 멋졌고,

그의 연주는 도로시에게 울림으로 다가왔다.

그 남자는 아랫동네에 사는 아민 핸드였는데,
이미 결혼해서 아기가 둘이나 있는 유부남이었다.
도로시는 그런 사실도 모른 채
마음을 설레며 냉가슴을 앓았다.
그러나 이런 설렘도 끝이 났다.
여름방학이 끝나면서 거리 공연은 막을 내렸고,
그와는 한 마디도 나누지 못한 채 헤어졌다.

그즈음 큰 오빠 도널드가 신문사 기자로 취직했다.
신문 이름은 〈더 데이 북〉으로,
진보 성향이 강한 신문사다.
〈더 데이 북〉은 시카고에서 전개하는 노동운동과
노조 활동에 관한 기사를 내보냈다.
공장이나 영세 회사의 작업 환경을
적나라하게 파헤쳤는데,
자연스럽게 도로시와 델라도 이 신문을 접했고,
위대한 노동운동 지도자이자 연설가인
유진 뎁스를 알게 되었다.

이로부터 유진 뎁스는 꽤 오랫동안
도로시 마음에 영웅으로 자리했다.
이때부터 도로시의 책 취향이 바뀌었다.
도스토옙스키와 애드거 앨런 포를 노래하던 도로시는
노동운동을 주제로 한 『야성이 부르는 소리』와
업튼 싱클레어의 『정글』을 읽었다.
특히 『정글』은 도로시의
일상적인 생활 패턴까지도 바꾸어 놓았다.

싱클레어가 쓴 『정글』은 출간하자마자
미국 사회를 충격으로 몰아넣으며 베스트셀러가 되었다.
이 책은 이주노동자 유르기스가
아메리칸 드림을 안고 미국에 와,
열악한 노동 현장에서 처절하게 무너지는 과정과
오랜 방황 끝에 사회주의자로 깨어나는 과정을 그렸다.

『정글』을 읽고 도로시는 정신적 혼란에 빠졌고
부조리한 세상에 분노했다.
도로시는 『정글』의 배경이 지금 사는
시카고라는 것 때문에 그들의 삶이

자기 삶과 맞닿아 있다고 느꼈다.

그러자 사춘기 도로시는 공원이나 호수를 걷던

발길을 옮겨 술집이 즐비한 슬럼가로 향했다.

도로시의 교회 생활에도 변화가 일었다.

전에는 보이지 않던 부자들의 삶이 눈에 들어왔다.

책에 나오는 거물급 부자들이 바로 교회에도 있었다.

그들은 밀을 독점했고 일꾼들을 착취했다.

그런데도 교회 사람들은 그들 앞에서

굽실대며 잘 보이려고 아첨했다.

도로시의 눈에 이런 모습은 비굴하게 느껴졌다.

이런 감정이 들면서 교회로 가는 발길이 뜸해졌다.

보수적인 도로시의 아버지는 딸들 교육은

고등학교까지면 충분하다고 생각했다.

글을 모르는 사람들이 수두룩한 1900년대 초,

남성이든 여성이든,

이 정도 교육이면 엘리트였다.

그러나 도로시의 생각은 달랐고,

아버지 도움 없이도 대학에 갈 궁리를 했다.

고3 말에 시카고 〈허스트〉 신문사가 주체하는

시험이 있었는데,

학교별로 세 명씩 응시할 수 있었고,

전체 20명을 뽑아서 대학에 입학할 장학금을 주었다.

도로시는 이 시험에 응시해

당당히 20등 안에 들어,

시카고 일리노이 대학에 입학했다.

대학은 집에서 다닐 수 있는 거리가 아니라서

학교 근처에 방을 구했다.

도로시는 혼자 독립한다고 생각하니 몹시 들떴다.

미지의 세계에 대한 갈구, 자유에 대한 열망,

어른이 되었다는 기쁨 등이 뒤엉켜

형언할 수 없는 감정이 일었다.

이제 진짜 어른이 된 느낌이었다.

그러나 막상 혼자 살아보니 고독하고 외로웠다.

학교 근처에 값싼 방을 얻었으나,

그 방은 양탄자도 없는 맨바닥이었고,

겨울이면 추워서 집안에서도

몸을 꽁꽁 싸매고 있어야 했다.

추위와 배고픔은 서글픔이 되었고,

외로움은 병이 되었으며,

툭하면 아기 동생 생각에 눈물이 핑 돌았다.

동생의 방긋방긋 웃는 얼굴이 그리워 미칠 것만 같았다.

부모님의 지원 없이 독립해서 가난과 마주하니

현실은 고통이었다.

그나마 일상이 바빴던 것은 다행이었다.

바빠서 친구를 사귈 시간조차 없었다.

우선 생계비를 벌려고

아르바이트를 닥치는 대로 했고,

또 먹을 것을 아끼며 그 돈으로 책을 사 보았다.

도로시는 점점 사회주의에 빠져들었고,

관련 서적을 모조리 읽었다.

그러는 과정에서 교회와는 멀어졌다.

도로시는 종교가 삶의 방해꾼이라는 생각이 들었다.

종교가 마치 아편이나 마약과 같은 약물중독 같아서

하루빨리 거기서 벗어나야만
자유로울 수 있다는 생각까지 들었다.
신약에 이런 글귀가 있다.

"하인으로 일하는 사람은 주인에게
진정 두려운 마음으로 복종하거라.
착하고 너그러운 주인에게뿐 아니라
고약한 주인에게도 그렇게 하라."

도로시는 이 말에 크게 반항했다.
이 글에 따르면,
하느님은 주인의 편, 가진 자의 편에 서 계신 분이다.
하인의 편에서 이 말은 얼마나 부조리한가.
신은 존재하나,
그 신은 가진 자들의 편이었다.
의식적으로든, 의도적으로,
도로시는 하느님으로부터 도망치려고 애쓰고 또 애썼다.

뜻밖의 일이 생겼다.

도로시 아버지가 뉴욕에 있는

〈모닝 데일리 텔레그래프〉라는 신문사로 옮기게 되어,

가족 모두 뉴욕으로 이사를 해야 했다.

혼자만 시카고에 남는 것이 불안한 도로시는

외로움과 가난을 견디며 대학에 다닐 의미를 못 느꼈기에,

대학을 중퇴하고 가족을 따라 뉴욕으로 향했다.

도로시는 그토록 그리던 가족의 품으로 돌아왔고,

잠시 따뜻한 행복을 누렸다.

아기 동생 존과 노는 것이 이렇게 즐거울 줄이야.

가족은 안정감을 주었지만,

곧 아버지라는 벽에 부딪혔다.

도로시는 오빠처럼 신문사에 기자로 취직하고 싶었는데,

보수적인 아버지는 여자가

사회 생활하는 것을 용납하지 않았다.

교사 정도라면 모를까,

신문기자는 말도 안 될 일이었다.

도로시는 아버지의 뜻을 거스르며,

여기저기에 기자 이력서를 내었지만,

번번이 떨어지고 말았다.

아버지가 뉴욕의 웬만한 신문사에 전화해서

딸아이를 뽑지 못하도록 손을 써 놓았기 때문이다.

이 사실을 안 도로시는 아버지와의 갈등이 깊어졌다.

도로시는 매일매일 뉴욕의 거리를 배회했다.

거리를 어슬렁이는 도로시의 눈에 비친 뉴욕의 가난은

시카고의 가난과는 또 다른 것이었다.

거리의 노숙자들과 싸구려 여관,

불결한 식당들이 거리 뒷골목에 즐비했다.

특히 지하와 빈민 아파트에서 나는 역한 냄새는

마치 지옥의 냄새 같았다.

이 냄새를 일으키는 원인을 향한 분노가 조절되지 않았다.

도로시는 평생을 이 냄새와 더불어 살았지만,

이 냄새와는 화해할 수 없었다.

마침내 뉴욕으로 온 지 거의 6개월 만에 일자리를 구했다.

〈콜〉이라는 사회주의 일간지였는데,

업무는 파업이나 시위, 집회 현장으로 달려가

그 현장을 취재하는 일이었다.

도로시는 밤낮으로

집회와 파업 현장을 뛰어다녔다.

당시는 유럽에서 제1차 세계대전이 한창이었고,

미국도 이 전쟁에 참전할 준비를 한 상태였다.

이에 여러 단체가 들고 일어서

미국의 참전을 반대하는 평화 시위를 벌였다.

1917년 4월, 미국 정부가 징병 법안을 통과시키려 하자,

이에 반대하는 컬럼비아대학의 학생들이

워싱턴에서 집회를 열기로 했다.

학생들은 최종 목적지인 워싱턴까지 가는 도중에

각 지역의 대학에 들러서도

집회를 열 예정이었다.

이에 도로시는 이들과 함께 취재에 나서기로 했다.

일부 학생들과는 안면도 있고 해서

전세 버스를 타고 학생들과 떠나는

취재 여행이 즐겁기까지 했다.

그 와중에 일부 학생들 사이에서는 로맨스도 피어났는데,

도로시도 밀턴이라는 학생과 짧지만

설레는 로맨스에 빠졌다.

도로시의 첫 직장은 이토록 낭만이 가득했다.

그러나 도로시는 사회부장과 작은 다툼이 있었는데,

이것이 계기가 되어 신문사를 그만두었다.

〈콜〉을 그만두고 〈민중〉이라는 잡지사에서

함께 일하자는 러브콜을 받았다.

〈민중〉 역시 정치적으로 사회주의 성향이 강했기 때문에

정부의 탄압이 이만저만이 아니었다.

〈민중〉에서는 편집 일을 맡았는데,
편집은 사건 현장을 뛰어다니며
취재하는 일보다는 한결 수월했다.
무엇보다 적성에도 잘 맞아 일하는 것이 즐거웠다.
그런데 애석하게도 몇 개월 뒤
정부의 언론 탄압으로 〈민중〉은 폐간되었다.

〈민중〉이 폐간되기 한 달 전인 1917년 11월,
마지막 호 원고를 넘긴 도로시는
백악관 앞에서 열리는 여성참정권 시위에 참여하기로 했다.
당시 여성참정권에 관심이 많았던 도로시는
친구인 페기와 이 시위를 함께했다.
이미 언론에서 그날의 시위를 대대적으로 보도했기 때문에
구경꾼이 많이 몰려 있었다.

깃발을 든 시위대는 두 명씩 짝을 지어 출발했고,
이를 지켜보던 남자들은 분노의 눈길을 보냈다.
그들 눈에는 전쟁 참가를 목전에 두고 있는

이 시급한 상황에 여성들이 쓸데없이
거리 행진을 벌이는 몰골이 참으로 꼴불견이었다.
여성에게 투표권을 준다는 것은 말도 안 될 일이었다.

돌을 던지는 남자아이들도 있었다.
남자아이들 눈에도 여성이 목소리를 내는 것은
받아들일 수 없는 일인 듯했다.
더 기가 막힌 것은 함께 야유를 보내며 손가락질하는
여자들도 적지 않았다는 것이다.
스스로 천시하도록 교육받았기에,
여성의 정치, 사회 참여는 말도 안 되는 일이었다.

도로시는 깃발을 들고 행진하고 있었는데,
어느 순간 군인과 경찰들이 달려들어
시위대를 폭력으로 진압하기 시작했다.
도로시는 깃발을 빼앗기지 않으려고
그들과 격렬하게 몸싸움을 벌였지만,
결국 깃발을 빼앗겼다.
도로시는 경찰에 붙잡혔고 얼굴이 벌겋게 달아올랐다.
이날의 시위 기사가 〈뉴욕타임스〉에 실렸다.

그러나 신문은 그것을 폭동이라고 규정지었고,

이에 시민들은 여성참정권 시위대에 냉담하게 반응했다.

그러니 상황은 시위대에 더욱 불리하게 돌아갔다.

법원은 시위 주동자들에게는 6개월,

나이 든 여성들은 15일,

도로시를 위시한 나머지 여성들에게는

30일의 형을 내렸다.

형이 내려지자 여성들은 즉시 단식 투쟁에 들어갔는데,

경찰은 여성 시위대를 몽둥이로 때리고

발로 차며 질질 끌어내더니,

어떤 밀폐된 장소에 집어넣었다.

도로시는 루시 번즈라는 여성과 함께 있었는데,

루시는 브루클린 출신의 교사였고,

지도자 중 한 사람이었다.

간수들은 루시에게 수갑을 채워

감방 창살에 몇 시간을 매어 놓고는

수시로 와서 욕설을 퍼부으며 몽둥이로 위협했다.

이튿날 루시는 정신병자로 판정받아 방을 옮겼다.

도로시는 혼로 남았다.

느낄 수 있는 것은 어둠과 공포뿐이었고,

어릴 적 지진을 겪었을 때의 공포가 되살아났다.

다음날 음식이 나왔다.

그러나 도로시와 시위대는 이런 수감에 대항하고자

음식을 거부하며 단식투쟁을 지속했다.

밤마다 도로시는 사나운 꿈에 시달렸다.

자다가 식은땀을 흘리며 벌떡 깨어났다.

긴 하루를 감방에 누워서

굶주림과 구역질을 견뎌야 했고,

느낄 수 있는 것이라고는

어둠과 외로움, 그리고 공포뿐이었다.

절실하게 의지할 곳이 필요했다.

도로시는 교도관에게 그토록 외면하려고 했던,

그토록 도망치려고 했지만,

지금은 간절히 원하는 그것,

성경책을 넣어달라고 애원하고 또 애원했다.

드디어 며칠이 지나 성경책이 들어왔다.

성경을 읽자

마음의 안정이 찾아왔고 보호받는 느낌을 받았다.

단식투쟁 10일째,

결국 여성들의 요구가 받아들여졌다.

도로시 일행은 원래 가기로 한 워싱턴교도소로 옮겨갔고.

사복을 입었으며,

편지를 받을 수 있었고.

복도까지는 마음대로 돌아다닐 자유를 얻었다.

한 달간 복역을 마치고 나온 도로시는

한동안 힘겨운 나날을 보냈다.

도로시는 자주 걸었다.

걷고 또 걸었다.

걷는 것은 치유의 효과가 있었다.

도로시는 사람들을 만나 술을 마셨다.

술을 마시며 힘겨운 현실에서 도피하고 싶었다.

술친구들 중에는 희곡 작가 유진 오닐도 있었다.

그 역시 고통스러운 현실을 잊으려고 술을 마셨다.

도로시는 그 외에도 테리 칼린,

하이펄라잇 헤이블, 마이클 골드 등을 만나

밤이 새도록 이야기를 나누며

술을 마시고 또 마셨다.

이야기의 주제는 주로 연극과 문학, 그리고 인생이었다.

이렇게 술을 마시며 밤을 꼴딱 새우고 오는 길에

가끔 새벽 미사에 들렀다.

성당 뒷좌석에 조용히 무릎을 꿇고

가만히 있으면

마음이 따뜻해지면서 위로가 되었다.

도로시는 좌파였지만,

항상 내면에 하느님을 향한 갈망이 있었다.

수많은 시간을 방황하면서 내린 결론은

이렇게 살 수는 없으니

'변화가 필요하다'였다.

글을 쓰는 것도 잠시 쉬어야겠다는 생각이 들었다.

방황 끝에 도로시는

간호사 일에 도전하기로 하고,

브루클린 킹스 카운티 병원의 간호 실습생으로 등록해

하루에 12시간씩 일을 하며 1년을 보냈다.

그리고 전쟁이 끝났다.

1919년, 23세의 도로시는 〈민중〉의 후속인

〈해방자〉의 기자 리이오넬 모이즈와 사귀었다.

처음으로 연애다운 연애였고

그를 열렬히 사랑했다.

모이즈도 도로시를 사랑했지만,

그는 한 여자만을 평생 사랑할 타입은 아니었다.

어느 날 도로시는 계획에 없던 임신을 했고,

아기를 낳아 가정을 꾸리고 싶은 도로시는

그와 결혼하고 싶었으나,

모이즈는 결혼은 물론 아이도 원치 않았다.

그는 아기를 낳을 거면 당장 헤어지자고 엄포를 놓았고,

모이즈를 필사적으로 잡고 싶은 마음에 도로시는

한 허름한 병원에서 낙태 수술을 받았다.

병원에서 집으로 돌아와 보니

그는 이미 짐을 챙겨 떠난 상태였다.

모이즈가 떠난 뒤 도로시는 크게 흔들리며

아기를 지웠다는 죄의식으로 휘청거렸다.

도로시는 이 일을 자신의 인생에서

가장 씻을 수 없는 오점으로 여겼다.

죽을 때까지 도로시는 이 이야기를

그 누구에게도 꺼내지 않았고,

영원히 이 상처를 치유하지 못했다. .

그 뒤로 도로시는 세상일에 마음을 닫았다.

끝이 없을 방황의 시기를 보냈고,

삶의 의미를 느끼지 못했다.

도로시는 다시 사회로 나갈 엄두가 나질 않았다.

그러던 어느 날, 소설을 쓰기 시작했다.

잡지사 편집 일을 하면서
소설을 쓰고 싶다는 생각을 한 적이 있었다.
이참에 한번 써볼 생각이다.

도로시는 소설을 쓰면서 알게 된 문학출판기획자
버클리 토비와 사귀었다.
버클리는 일시적이나마 도로시에게 안정을 주었고,
1920년 봄에 두 사람은 결혼했다.
도로시는 23세, 버클리는 42세였다.

불행히도 이 결혼은 오래가지 못했다.
도로시의 마음속에는 여전히 모이즈가 남아 있었고,
결국 두 사람의 결혼은 1년 만에 파경을 맞았다.

버클리와 헤어진 도로시는 소설
『열한 번째 처녀』를 쓰는 데 몰두했다.
삶의 의미를 찾는 한 젊은 여성의 이야기로,
자전적 소설이라 할 수 있었다.
소설 속 젊은 여주인은 활발하고 자유분방하며,
비극적인 사랑을 한다는 내용이다.

1924년 4월, 『열한 번째 처녀』가 출간되었고,
운이 좋게도 이 소설은 할리우드에 5천 달러에 팔려서
영화로 만들어지게 되었다.

첫 소설로는 크나큰 성공이었다.
그러나 도로시는 몇 년이 지나서
이 소설을 낸 것을 후회해,
세상에 돌아다니는 책이
마법처럼 다 사라져버렸으면 좋겠다고 생각했다.

어쨌든 첫 소설인 이 작품으로
도로시에겐 어느 정도 경제적 자유가 생겼다.
당시 5천 달러면 꽤 여유 있는 생활을 할 만했고,
한결 편한 마음으로 뉴욕으로 돌아왔다.

뉴욕으로 온 도로시는 친구 페기를 만났다.
여성참정권 시위를 하다가
함께 교도소에 간 친구였는데,
페기도 수감 사건 이후로 방황의 시간을 보냈다.
그 사이 페기는 시인인

말콤 코울리와 결혼해서 행복하게 살고 있었다.

"맨하튼과 가까운 스태튼섬 해안가에

작은 집이 있는데,

네가 사면 어떨까?"

어느 날 페기의 제안에 도로시는 솔깃했다.

그 무렵 해변의 작은 땅 정도는

2~3천 달러면 살 수 있었는데,

5천 달러가 있으니,

사는 데 별 무리는 없었다.

이제껏 도시 생활만 한 도로시는

조용한 섬에 가서 한동안 글을 쓰며

지내는 것도 나쁘지 않겠다고 생각했다.

바닷가로 간다고 생각하니 마음이 설레었다.

1924년 봄에 도로시는 스탠튼 섬 서쪽 끝에 있는

해안가의 작은 집을 샀다.

아쉽게도 그 집은 온수는 나오지 않았다.

그러나 거실에서 하얀 파도와 갈매기를 볼 수 있었고,

지나가는 배도 잘 보였다.

이 해변 집은 조용하고 평화로워서

도로시가 집중해서 글을 쓸 수 있을뿐더러

도로시의 불안한 마음도 치유해 주었다.

실로 자연이 주는 힘은 위대했다.

도로시는 페기의 남편 말콤의 소개로

포스터 배터햄이라는 남자를 만났다.

생물학자인 그는 무신론자이자 무정부주의자였지만,

도로시처럼 사회적 부조리에 분노했다.

두 사람은 자연스럽게 연인이 되었다.

포스터는 주말이면 도로시의 해변 별장을 찾았고,

두 사람은 함께 낚시도 하고,

오랫동안 바닷가도 거닐고,

해양 생물 채집도 하며 한갓진 시간을 보냈다.

오랜만에 도로시는 삶이 안정되었고

진정으로 행복했다.

그녀는 진심으로 포스터를 사랑했고,

그와 보내는 순간순간이 소중하고 즐거웠다.

도로시도 자연에 관심이 많았지만,

포스터만큼 자연에 관한 지식이 많지는 않았다.

반면에 포스터는 생물학자라 그런지

자연 지식에 해박해서,

도로시를 아주 멋진 자연의 세계로 인도했다.

포스터는 평소 말이 별로 없었고,

화를 내지 않는 사람이었다.

그는 과거나 미래보다는 현재를 중히 여기며

언제나 자유를 갈구하는 사람이었다.

그러나 포스터는 가정이라는 제도에 거부감이 컸고,

사랑의 완성이 결혼이라는 것에 고개를 저었다.

포스터는 세상 밖으로 나가는 것에

두려움이 있었으나,

세상일에는 그 누구보다도 관심이 많았다.

그는 가난을 경험한 적은 없으나

경제적 불평등에 불만이 많았고,

그는 직접 불의와 싸우다가 감옥에 가 본 적은 없으나.

그들을 투옥하는 법 제도에는 분노했다.

그는 여러 불합리한 사회제도에 치를 떨었지만,

행동하지는 않았다.

그저 낚싯대를 들고 바닷가로 나가는 것이

그의 위안일 뿐이었다.

성격이 사뭇 달랐다 하더라도

두 사람은 대체로 잘 지냈다.

유일하게 포스터와 도로시의 갈등은 종교뿐이었다.

그는 과학자였다.

그는 모든 현상을 과학과 자연의 신비로움으로 설명했고,

도로시는 이런 현상을

초자연적인 것,

그러니까 하느님과 관련지었다.

사실 도로시는 섬에 오고부터

다시 성경을 읽기 시작했고,

점점 하느님을 생각하는 시간이 많아졌다.

스태튼섬에서의 행복도

하느님의 축복인 것처럼 느껴졌다.

언젠가부터 하느님이 자신에게

해변과 파도, 좋은 이웃들,

게다가 사랑하는 연인까지도 주었다는 생각이

마음속 깊이 뿌리박히기 시작했다.

이렇게 하느님에 가까이 가면 갈수록

마음은 안정되었으나

한편에서는 죄의식이 밀려왔다.

사회주의자들은

'종교는 인민의 아편이다'라고 생각하고 있고,

자신 역시 그랬었다.

그러나 이제는 기도하면

기쁨이 넘쳐흘렀고,

충만함을 느꼈다.

이것은 그 누구도 줄 수 없는 위안이었다.

도로시는 일요일 아침이면 미사를 보러 갔다.

이것은 포스터와의 갈등을 유발했다.

도로시의 신앙이 깊어지면 깊어질수록

포스터와의 사이는 점점 깊은 골이 생겼다.

1925년 여름, 도로시는 또다시 임신했다.

임신 사실을 알게 된 도로시는 당황하기보다는

하느님의 은총과 용서, 기쁨을 느꼈다.

도로시는 다시는 이전과 같은 실수를 하지 않을 생각이다.

이번에는 꼭 아이를 지킬 것이다.

그러나 포스터에게 임신 사실을 알리는 것이 주저되었다.

이 일로 그가 떠날 것이 두려웠다.

그러나 마냥 숨길 수만은 없는 일이었다.

도로시는 힘겹게 임신 사실을 털어놓았고,

이 사실을 안 포스터는

원하는 일이 아니니 부담스럽긴 했지만,

도로시가 그토록 아기를 원했고,

아기를 가졌다는 이유로

사랑하는 연인 곁을 떠날 수는 없었기에

기꺼이 받아들이기로 했다.

이런 포스터의 태도는 도로시를 안정시켰고,

임신 기간 내내 도로시는 충만함으로 가득했다.

1926년 3월 4일, 도로시는 딸아이를 낳았고,

아기에게 타마 테레사라는 이름을 지어주었다.

도로시의 우려와는 다르게 포스터도

타마의 탄생을 기뻐했고,

아기에게 무한한 사랑을 주었다.

그는 아기를 보면서

새삼 생명의 경이로움에 탄복했고,

자신의 분신을 낳은 도로시에게

진심으로 감사했다.

그러나 도로시가 타마에게 세례를 받게 하자,

두 사람은 다시 갈등 국면에 접어들었다.
포스터는 도로시가 신앙을 대하는 태도에
인내심이 점점 바닥나기 시작했다.
이 세상은 엄연히 강력하고도 명확한
과학적 원리가 지배하고 있는데,
그것을 신앙의 힘으로 돌리다니,
포스터로서는 도저히 이해할 수 없었다.

도로시의 좌파 친구들도
타마의 세례 소식에 당황하긴 마찬가지였다.
어떤 친구는 도로시에게 정신과 의사한테
가보라고 권하기도 했다.
분명히 뇌에 문제가 생겼을 것이라는 거였다.
그러나 좌파 친구 중에는 도로시의 이런 결정을
미리 예견한 친구도 있었다.

　"도로시는 공산주의자가 될 수는 없었어.
　너무 종교적이었거든."

클리블랜드의 한 좌파 친구는 이렇게 말했었다.

당연히 도로시는 그들을 이해했다.

그러나 도로시는 가톨릭교회가

가난하고 억눌린 이들을 돌보는 집이 될 수 있다고 믿었다.

가톨릭교회는 가난한 사람을 대변할 것이고,

좀 더 나은 세상을 만드는 사회개혁 운동에

환하게 길을 밝혀줄 것이라고 믿었다.

타마의 세례를 도운 알리시아 수녀는

도로시에게도 세례를 받으라고 권했다.

그러나 자신이 세례를 받는 것은

타마의 세례처럼 단순하지 않았다.

도로시는 두려웠다.

세례를 받게 되면 포스터를 영영 잃게 될까 봐

무섭고도 또 무서웠다.

세례를 받으면

가톨릭은 합법적이지 않은 가정은 용납하지 않으니,

두 사람은 정식으로 결혼 절차를 밟아야 했고,

당연히 혼인신고도 해야 했지만,

결혼은 포스터가 원하는 것이 아니었다.

50

세례를 받는다는 것은 포스터 말고도
이제껏 함께한 동지들과의 이별도
준비해야 한다는 의미였다.
동지들은 심한 배신감을 느끼며
곁을 떠날 것은 불을 보듯 뻔한 일이었다.

한여름의 어느 날 밤,
잠을 자던 도로시는
숨이 막혀 고통 속에서 깨어났다.
요사이 숨을 쉬기가 어려웠고,
피곤과 무력증에 시달렸다.
병원에서 내린 진단은 정신적 스트레스였고,
어떤 식으로든 결말이 필요했다.
이렇게 살 수는 없었다.
그리고 그 결말은 어느 정도 정해져 있는 듯이 보였다.

1927년 12월, 도로시와 포스터는 크게 다퉜고,
늘 그랬던 것처럼 포스터가 집을 나갔다.
며칠이 지나 그는 어김없이 나타났지만,
굳은 결심을 한 도로시는 그를 집에 들이지 않았다.

"나는 결정을 했어요.

끝을 내기로요.

가슴이 찢어질 듯이 아팠죠.

하지만 그것은 운명이었어요."

다음날 도로시는 세례를 받았고,
세례명은 마리아 테레사였다.

도로시는 스태튼섬 해안가의 집을 정리하고
타마를 데리고 뉴욕으로 돌아왔다.
이제 도로시에겐 종교적인 방황은 없었고,
신념이 명확하고 확실해졌다.

종교적인 방황이 없었다 하더라도
포스터가 미치도록 그리웠고,
자다가도 벌떡 일어나 타마를 데리고
그에게로 달려가고 싶어 죽을 것만 같았다.
그에게서 멀리 떨어져야 한다고 생각한 도로시는

타마를 데리고 멕시코 여행을 떠났다.

멕시코에서는 6개월 정도를 생활했는데,

그곳에선 생활비가 적게 들어서 더 있고 싶었지만,

그곳의 기후 때문인지 타마가 아팠다.

그래서 도로시는 급히 뉴욕으로 돌아왔고,

뉴욕으로 돌아오니 타마는 다행히 금방 나았다.

1932년 여름, 도로시는 맨해튼에 아파트를 얻었고,

막냇동생인 존 부부와 함께 살기로 했다.

그동안 존은 스페인 아가씨 타라와 사귀었는데,

둘 다 스물이 안 된 나이에 결혼해 가정을 꾸렸다.

존은 신문사에 취직했으나,

직원들 전체가 해고되어

한동안 아내 타라의 친정집에 살면서 신세를 졌다.

타라네 친정은 화목하고 따뜻해,

존은 이 집에서 애정과 삶의 의지를 듬뿍 받았다.

사랑하는 동생 부부와 사는 기간은 참으로 좋았다.

타마도 함께 사는 가족이 생겨 외롭지 않았고,

아버지의 부재를 존 부부가 채워주었다.

도로시는 다시 기자로 취직했다.

1932년 당시 미국은 대공황의 소용돌이 최절정에 있어,
역사상 최악의 경제적 고통을 겪는 중이었다.
1929년 10월, 주식 시세가 보통주 액면가의
40퍼센트가 날아가면서 시작한 대공황은
1932년 뉴욕 증권거래소의 주식 가치는
최고조에 달했던 1929년에 비해 거의 80퍼센트가
증발한 상태였다.
가게와 공장은 문을 닫았고, 은행은 파산했다.
1932년엔 미국인 평균 네 명 중 한 명이 실직자였다.

1932년 12월, 일자리를 잃은 전국의 노동자들이
워싱턴 D.C.에 집결해 시위를 벌이기로 했다.
시위 참가자들의 요구사항은
실업보험과 노령연금을 지급하고,
어머니와 아이들에게 구호물자와
일자리를 달라는 것이었다.

이번 시위는 미국 실업대책위원회에서 주관했는데,

이 단체를 공산당이 후원했다.
그러나 시위에 참여한 실업 노동자들은 대다수가
일반 노동자였고 공산당과는 거의 관련이 없었다.

도로시는 가톨릭 주간지
〈커먼윌〉의 기자 신분으로 이 시위에 참여했다.
실로 오랜만에 취재하는 거리 시위라
흥분과 긴장을 감출 수 없었다.

정부는 집회를 무산시키려고
워싱턴으로 오는 온갖 도로를 차단했다.
이어 온 나라 신문에는
공산당이 쳐들어오고 있다는 식의
공포 분위기를 조장하는 글이 도배되었다.
언론이 나라 전체를 공포 분위기로 몰자,
이에 힘을 얻은 경찰은 시위에 참여하러 온 시민들을 향해
최루탄을 쏘아대고 총을 들이대며 위협했다.

12월의 혹독한 추위 속에서
정부의 시위 승인이 나질 않아

3일을 거리에서 지낸 시위자들의 고통은 참혹했고,
시민들은 '워싱턴을 쳐들어온 빨갱이' 기사를 읽으며
나라의 안위를 걱정했다.

시위 참가자들은 한 치도 물러설 기미를 보이지 않았고,
지식인들 사이에서 경찰의 과도한 진압을
규탄하는 목소리가 높아졌다.
정부도 무작정 그들을 빨갱이로만 몰고 가기엔
무리가 있어서 마침내 시위를 허락하기에 이르렀다.

눈이 부시게 화창한 날,
시위자 3천 명이 깃발과 피켓을 들고
워싱턴의 가로수 길을 당당히 행진했다.
그 유명한 '굶주림의 행진'이 시작된 것이다.
깃발엔 이런 문구가 적혀 있었다.

　"임금이 아닌 일자리를 달라."

도로시도 당장 저들 속으로 뛰어 들어가
합류하고 싶은 충동이 일었으나,

기자라는 신분을 망각할 수 없는 것이
씁쓸하고 고통스러웠다.

도로시는 시위 현장에 가톨릭 교인도
가톨릭 지도부도 없다는 것이 못내 아쉬웠다.
공허함이 밀려왔다.
가톨릭 교인이 된 이후로 자신의 활동은
말할 수 없이 초라하고 보잘것없었다.
거리에서 동지들이 투쟁하는 동안
자신은 글쓰기와 기도로 시간을 보냈다.
착잡함이 밀려왔다.
그러다 어느 순간 커다란 의문이 떠올랐다.

'우리는 왜 이미 발생한 사회악을 바로잡는 데는
그토록 많은 자원을 쏟아부으면서
그것을 사전에 방지할 생각은 안 할까?
노예들을 도울 것이 아니라,
노예제도 자체를 없애는 그런 정책은 왜 펼치지 않는가.
사회질서를 바꾸려고 노력하는
가톨릭 성인은 어디에 있단 말인가?'

한없이 착잡한 마음에 도로시는

근처 성당으로 발길을 돌렸고,

그곳에서 무릎을 꿇고 간절히 기도하고 또 기도했다.

"보잘것없는 재주지만,

이 재주를 저 노동자들과 가난한 이들을 위해

사용할 수 있는 길로 인도해 주십시오."

도로시의 뺨에 고통의 눈물이 흘렀다.

그리고 며칠 뒤 이 기도에 대한 답이라도 하듯이,

그녀는 인생의 나머지 부분을 차지할

운명을 만난다.

피터 모린은 55세로,

프랑스의 랑그도크에서 농부의 아들로 태어났고,

23명 중 장남이다.

그의 친어머니가 낳은 자식은 다섯이고,

나머지는 아버지가 새장가를 들어 낳았다.

피터 모린은 파리에서 농민학교를 졸업했고,

그의 관심사는 늘 땅에 있었다.

그는 경제의 모든 해답은 기업이 아닌 땅에 있다고 주장했다.

그는 어디를 가나 책을 끼고 다녔는데,

그의 짐 가방을 열어보면

옷가지는 거의 없고 책으로 가득했다.

그는 끊임없는 독서를 통해서 삶의 철학을 얻었는데,

그것은 '자발적 가난'이었다.

즉 욕심을 버리고 물건을 소유하지 말자는 철학이다.

피터 모린은 1911년,

30대 중반에 미국으로 건너왔다.

뉴욕에서 그는 7년 동안

'가톨릭어린이캠프'에서 잡역부로 일했고,

하루에 1달러를 벌며 헛간에서 잠을 자면서도 만족했다.

일이 없는 날이면 그는

뉴욕시의 공공 도서관에 들러 책을 보았다.

거기서 노동자 지도자들과 공산당원, 진보주의자들이

자주 모이는 유니언 광장을 알게 되었다.

이때부터 모린은 틈만 나면 유니언 광장을 찾아

자신의 철학을 알렸다.

피터 모린은 농부가 밭에 씨를 뿌리듯이

자신의 철학을 차근차근 전파하고 다녔다.

"더 나은 사회를 건설하려면

사람들이 공익을 위해

함께 일하는 법을 배워야 하고,

가진 것을 서로 나누어야 합니다."

언제부터인지는 모르지만

피터 모린은 자신의 철학을 세상에 펼칠

신문을 만들어야겠다고 생각했는데,

혼자서는 할 수 없는 일이었다.

자신의 사상을 이해하고 전면에 나설 사람이 필요했다.

그는 유니언 광장에서 낯선 사람을 만나면

새로 만들 신문 이야기를 하고 다녔다.

그러던 어느 날, 도로시가 일하는

가톨릭 주간지 〈커먼윌〉의 편집장 조지 슈스터를 만났다.

슈스터는 그런 신문을 만들고 싶다면

도로시 데이를 만나보라는 정보를 주었다.

도로시가 '굶주림의 행진'에 다녀온 바로 그 날
피터 모린이 집으로 찾아왔다.
노크 소리가 들려 문을 열어보니,
어떤 남자가 서 있었다.
작은 키에 단단해 보이는 50대 남자였다.
남자의 행색은 방금 워싱턴에서 본 시위자들과
별반 다를 바가 없었다.

"피터 모린이라고 합니다.
〈커먼윌〉의 편집장 조지 슈스터가
당신을 찾아가 보라고 했습니다."

도로시와 피터 모린은 거실에 앉았고,
존의 아내 타라가 차를 내왔다.

"단도직입적으로 말하면,
신문을 만들자는 겁니다.
진보적인 가톨릭 신문을 만들고 싶어서요."

피터 모린은 가톨릭 정신을 지키기 위해 싸워야 하고,

교회의 운명은 가톨릭 신자 각자의
가슴과 정신, 영혼 속에,
또 그들이 매일 행하는 행동 속에 달려 있다며
열변을 토로했다.
그는 당시 도로시가 몹시 피곤한 상태라는 것은
안중에도 없는 듯했다.

워싱턴에서 8시간이나 버스를 타고 온 도로시는
지쳤고 쉬고 싶은 마음이 간절했다.
여섯 살 난 타마도 살펴봐야 하고,
커피 한잔하며 남동생 부부에게
워싱턴 시위 이야기도 해 주고 싶었다.

처음에 도로시는 피터의 말이
뜬금없고 현실감이 없다고 여겼다.
그래서 그의 말에 별반 반응을 보이지 않았고,
고단하고 지쳐서 집중도 되지 않았다.
그래도 그는 꽤 독특하고
흥미로운 사람임은 틀림없다고 생각했다.
어쨌든 그는 별 소득 없이 돌아갔다.

다음 날, 피터 모린이 다시 찾아왔다.

그는 대중이 삶의 방향을 몰라 방황한다면

하느님에 의지해야 하고,

하느님만이 그들을 올바른 길로

인도할 수 있다고 주장했다.

진정한 하느님의 사랑을 통해서만이

개인은 진정하고 새로운 삶을 살 수 있다고 말이다.

이것은 도로시도 공감하는 말이었다.

피터 모린은 또 '원탁토론'과 '환대의 집',

'농장공동체' 이야기를 하며

이것을 즉시 실행에 옮기자고 했다.

이것들을 발판으로 '녹색혁명'을 추진하자는 것인데,

그러려면 우선 대중을 겨냥할

영적인 신문을 발간하고,

가톨릭교회의 사회적 가르침을

홍보하는 것이 급선무라고 했다.

피터 모린이 말한 원탁토론은 도로시도 익숙하다.

토론이라면 도로시도 일가견이 있고,

모임이나 집회에 참석하면서

탁자든 바닥이든 어디서나 둘러앉아 토론해 본 터였다.

피터 모린은 개인의 주장을 이해하고 정리하는 차원에서

원탁토론은 반드시 필요하다고 주장했다.

도로시도 피터의 의견에 공감하고,

신문 발행의 필요성도 수긍했다.

〈데일리 워커〉와 같은 노동자 신문이 있긴 했지만,

종교성을 띤 영적인 노동자 신문은 없었기 때문이다.

그러나 피터 모린의 주장은 이상적이고

현실적이지 않았다.

가장 현실적인 문제는 돈이었다.

신문사를 차릴 만한 자금을 어디서 마련한단 말인가?

행색으로 본 피터 모린은

전혀 경제적인 도움을 줄 수 있을 것 같지 않았다.

"선한 일을 시작하려는 사람에게 돈은 중요한 게 아닙니다.

중요한 건 사람이죠.

그들이 기꺼이 그 일을 하고자 한다면

그것으로 된 겁니다.

가톨릭 교인은 남을 도울 줄 알아야 하고,

세상의 악과 부당함을 상대로 행동을 취해야 해요.

돈은 어떻게 해서든 해결될 겁니다."

이런 말을 들으니
도로시의 마음에서 무언가가 꿈틀거렸다.
그의 말은 가톨릭교회는 사회 문제에
침묵해서는 안 된다는 것이다.
돈 때문에 부당함을 외면해서는 안 된다는 것이다.

이것은 이제껏 자신이 듣기를 갈망하던 말이 아닌가.
또 그의 말은 의도가 중요하다는 뜻이다.
그러니 처음부터 거창할 필요는 없다는 것이다.

'유명한 종합병원도 달랑 방 한 칸에서 시작하기도 했다.

신문사도 그럴 수 있지 않을까?

사무실이 없다면 이 집에서 시작해도 되지 않을까?

또 거리로 나가 신문을 팔면 되지 않을까?'

생각이 여기에 미치니,

못할 것도 없다는 생각이 들었다.

얼마 전에 받은 원고료도 있다.

피터 모린의 등장은 도로시의 모든 것을 바꾸어 놓았다.

도로시에게 활력이 돌아왔다.

신문을 발간한다는 생각은

도로시를 긴장시키고 설레게 했다.

아는 인쇄소에서 57달러에

8면 타블로이드판 2천 5백 부를 찍어줄 수 있다고 했다.

종이를 구하는 것도 문제가 없었다.

여러 의견이 있었으나,

신문 이름은 도로시의 의견에 따라

'가톨릭 노동자Catholic Worker'로 정했다.

피터는 영적인 것을 강조한

'가톨릭 레디컬Catholic radical'로 하자고 했으나,

도로시는 가톨릭이 노동자의 삶을 함께한다는 뜻을 담은

'가톨릭 노동자'를 고집했다.

결국 피터가 한발 뒤로 물러났다.

일단 집을 사무실로 사용하기로 했다.

그러자 피터는 유니언 광장에서 만난 사람들을

수시로 아파트로 데려왔다.

그러다 보니 아파트는 조용할 날 없이

늘 사람들로 북적였다.

갑자기 매일 낯선 사람들이 들락날락하자,

어린 타마는 어리둥절하고 산만해졌다.

도로시는 손님이 올 때면 가끔 타마를 데리고

욕실로 가서 욕조에 물을 받아 아이와 물놀이를 했다.

남동생 존 부부도 신문을 발행하는 일에

적극적으로 참여했다.

도로시로서는 여간 도움 되는 것이 아니었다.

드디어 1933년 5월 1일,
〈가톨릭 노동자〉의 창간호가 나왔다.
발행 부수는 2천 5백 부였다.
신문값은 누구든지 사는데 부담이 안 되게
한 부에 1센트면 적당할 것 같았다.

도로시는 창간호 사설에서
이 신문이 누구를 위한 것인지를 밝혔다.

　"일자리를 찾아 거리를 헤매는 사람들과

　희망도 없고 현재의 아픔을 알아주는 이 없는

　사람들을 위해 이 신문을 발간한다."

그리고 창간호에 노동자들이 처한 현실을 실었다.
우선 남부 지방의 뚝 공사하는 흑인 노동자들의
헐값 노동력에 관해서 폭로했다.
그리고 공장의 여성 노동자와
아동의 노동 실태에 관한 기사를 실었고,
점점 늘어나는 실업자 문제 기사도 내었다.
가톨릭교회가 운영하는 사회적 프로그램도 안내했다.

당연히 피터의 사상이 담긴 '쉬운 글'도 실었다.

창간호를 시작으로 피터의 '쉬운 글'은 매회 실렸다.

신문 속 삽화는 고등학교를 갓 졸업한

A. 드 베튄느라는 여성이 그렸는데,

의외의 실력을 뽐내었다.

1933년 5월 1일 노동절 새벽,

도로시와 세 명의 젊은 자원자가

신문을 들고 유니언 광장으로 나갔다.

그날은 집회가 예정되어 있어서

공산당 시위자 5만 명이 모여들었다.

여기서 도로시와 세 젊은이는

〈가톨릭 노동자〉 창간호를 팔기 시작했다.

긴장되고 두근거리는 순간이었다.

　"〈가톨릭 노동자〉 창간호가 나왔습니다.

　노동자들을 위한 신문입니다.

　한 번 읽어보세요. 1센트입니다."

그들은 신문을 높이 치켜들고

현수막과 포스터 사이를 누비며

큰소리로 외치고 또 외쳤다.

'가톨릭'이라는 단어는 공산당원들 사이에서는

긍정적인 단어가 아니었다.

사람들은 도로시와 세 젊은이를

조롱의 눈길로 바라보았다.

그런데도 신문은 아침에만 수백 부가 팔렸고,

하루가 마무리될 즈음 도로시는 기쁨의 함성을 질렀다.

2천 5백 부가 다 팔려나가

〈가톨릭 노동자〉는 영광스러운 시작을 알렸다.

전국에서 〈가톨릭 노동자〉 정기구독 신청이

물밀 듯이 들어왔다.

일부 가톨릭 교구에서는 몇백 부씩 정기 구독했고,

개인 독자들의 신청도 줄을 이었다.

또 멕시코와 로마 등 전 세계 각지에서

〈가톨릭 노동자〉를 보고

깊은 감명을 받았다는 편지들이 날아왔다.

1센트에도 팔리지 않은 신문은 무료로 나눠 주거나
전차나 버스, 이발소, 병원 등에 비치해
되도록 많은 사람이 신문을 읽도록 했다.

화려한 성공에도 피터는 기뻐하지 않았다.
오히려 불만을 토로했다.
그는 〈가톨릭 노동자〉가 〈데일리 워커〉와
차별성이 없다고 비판했다.
정치 성향이 두드러진 나머지
영적인 것이 부족하다는 것이 그의 평가였다.

피터는 〈가톨릭 노동자〉에는 무조건 영적인 것이
바탕에 깔려야 한다고 주장했다.
그는 사람들이 그토록 열망하는 사회 개혁은
인간의 개인행동을 통해서만이 가능하다고 했다.
피터는 이렇게 주장했다.

"누구나 읽을 수 있는 신문은
그 누구의 신문도 아니다."

피터는 〈가톨릭 노동자〉가 자신의 사상을
펼칠 수 있는 완전한 공개 토론장이기를 원했다.
그렇기에 그는 신문에 자기 사상이 담긴
자신의 글로 가득 채우고자 했다.
그러나 도로시는 이를 허락하지 않았다.
독단적인 피터의 사상만을 싣는 것은
이 신문을 시작한 의도가 아니었다.
도로시는 부조리한 사회 현실에 관해서도 비판하고,
소외계층도 대변하며,
또 다양한 글을 실어
서로 다른 사상을 펼칠 기회를 주어야 했다.

무엇보다도 도로시는 가톨릭이 노동자들을 보호하고
그들의 편이라는 것을
이 신문을 통해서 알리고 싶었다.
언제나 시위에 참여하면
가톨릭 단체가 없는 것이 마음에 걸렸었는데,
〈가톨릭 노동자〉가 가난한 노동자의 삶에
녹아 들어가 그들과 함께하기를 바랐다.

도로시와 피터는 갈등을 반복하면서 합일점을 찾았다.
피터도 신문에 사회제도 비판과 열악한 노동 문제,
자신과 다른 사상을 싣는 것을 인정했고,
도로시도 매회 피터의 사상이 담긴 글을 싣기로 했다.
피터의 '쉬운 글'은 〈가톨릭 노동자〉의 상징이 되었다.
그는 자신의 사상을 쉽게 암송할 수 있게 썼는데,
그의 글에는 사회질서와 가톨릭교회에 대한
날카로운 비판이 담겨 있었다.

피터는 〈가톨릭 노동자〉가
파업 사태를 다루거나 파업 시위에 합류하려 할 때는
이맛살을 찌푸리곤 했다.
그러고는 시위 현장으로 가서 시위하는 것이 아니라
시위자들에게 자신의 사상을 전파했다.

"당신들이 요구하는
더 높은 임금과 더 좋은 작업 환경은
결코 자본주의 체제를 변화시킬 수 없어요.
돈에 기초한 경제를 무너뜨리고
인류애로 함께 일하는 세상을 건설하는 것이 해결책입니다."

도로시는 피터의 사상을 이해하고 받아들였지만,

비폭력 시위 또한 사회를 변화시키는데

꼭 필요한 방법이라고 생각했다.

그렇기에 도로시는 노동 운동을

절대로 포기할 수 없었다.

〈가톨릭 노동자〉를 시작하면서 도로시는

눈코 뜰 새 없이 바빠서 타마를 돌볼 시간이 없었다.

기꺼이 여동생 델라가 봐주기로 해서

한동안 타마는 이모와 함께 살기로 했고,

남동생 존 부부도 허드슨강 근처로 독립했다.

〈가톨릭 노동자〉는 5월 1일 창간호부터 성공을 예감했고,

3호는 1만 부를,

4호는 2만 5천 부를 넘겼고,

연말에는 10만 부가 넘는 기염을 토했다.

〈가톨릭 노동자〉에 기부금이 나날이 늘어났다.

기부금을 내는 사람들은 성직자와 수녀들,

그리고 독자들이었다.

자금이 넉넉하다고는 할 수 없었지만,

신문사는 그럭저럭 유지할 정도는 되었다.

〈가톨릭 노동자〉가 빠르게 성장하던

초창기 몇 년간은

해마다 노동절만 되면 거리 전체가

〈가톨릭 노동자〉로 도배되었다.

그것은 마치 거대한 광고의 물결과도 같았다.

〈가톨릭 노동자〉를 발간하고 몇 달이 지난 어느 날,

피터는 유니언 광장에서

거의 거지꼴을 한 청년 두 명을 사무실로 데리고 왔다.

그들의 이름은 두런과 이건으로,

무기력한 실업자였다.

피터는 이 두 청년에게 자신의 사상을 교육했고,

놀랍게도 얼마 후 그들은

〈가톨릭 노동자〉를 들고 거리로 나가 팔았다.

그들은 신문을 판매해서 번 돈으로

먹을 것과 담배를 사 피우며 무기력에서 벗어났다.

〈가톨릭 노동자〉는 이런 젊은이들의 도움을 받아

판매 부수를 올렸고,

그들은 신문을 판 돈으로 무시무시한 대공황을 견뎠다.

그들은 신문을 파는 것만이 아니라 신문을 읽었고,

〈가톨릭 노동자〉 사무실에서 열리는 피터의 강연에

수시로 참석해 피터의 사상을 학습해

지식과 사회에 대처하는 법을 키워나갔다.

한 번은 도로시가 아침에

유니언 광장에서 신문을 팔고 있는데,

브루클린 출신의 스탠리 비쉬네위스키라는

17세 소년이 다가와 함께하기를 청했다.

곧 그는 거리로 나가 신문을 팔기 시작했고,

45세 나이로 죽음에 이르기까지

〈가톨릭 노동자〉와 함께했다.

1930년대 미국은 대공황으로
수많은 사람이 일자리를 잃었고,
배고픔에 허덕였다.
그들은 온종일 돌아다녀도 일자리는커녕
한 끼 식사조차 해결할 수 없었기에,
낙담하고 절망하며 무기력한 나날을 보내야 했다.
돈이 없는 사람들은 밀가루 포대로
옷이나 가방을 만들어 사용했다.

1933년 대통령에 당선한 루스벨트는

대공황을 탈출하기 위해 정부가 적극적으로
국가 경제에 개입했다.
공업, 농업, 상업, 금융 등 전 분야에 걸쳐
루스벨트는 '뉴딜정책'을 추진해 나갔다.
그러나 이 정책은 가난한 시민들에게
크게 영향을 미치지 못했다.

피터 모린은 위기에 처한 국가 경제를
꼭 국가가 나서서
해결해야 할 일이라고 보지 않았다.
국가는 홍수나 태풍, 지진, 가뭄과 같은
심각한 자연재해에만 개입해야 하며,
개인에게 가장 적은 영향력만 미치는 정부가
가장 이상적인 정부라고 주장했다.

피터는 개인이 자발적으로
가족과 이웃을 보살펴야 한다고 피력했고,
이런 일은 국가의 기능이 아니라
개인의 기능이라고 보았다.
구제는 개인의 몫이고,

사랑을 실천하는 행위라고 했다.

그러려면 개인 스스로 자립할 교육을 받아야 하고,

스스로 설 수 있을 때

비로소 이웃과 함께 사회를 이끌어갈 수 있다고 했다.

피터 모린은 처음에 도로시를 만났을 때

세 가지 사업에 관한 구상을 말했다.

그 첫 번째가 영적인 신문

〈가톨릭 노동자〉를 만드는 것이고,

두 번째는 나눔의 실천인

'환대의 집House of Hospitality이고,

나머지 하나는 공동체를 이루어 사는

'농장 공동체'였다.

피터는 이런 활동을 통해서,

'자발적 가난'을 실현하며

사회를 개혁해 나가는 것이

모든 인류가 살길이라고 주장했다.

'환대의 집'을 만들자는 피터의 제안은 일리가 있었다.

특히 피터가 데려온 사람들의 생활공간이
절실히 필요한 터였고,
피터와 도로시는 그들을 교육해서
세상 밖으로 내보낼 의무가 있었다.

게다가 수많은 사람이 하루에 한 끼도
해결하지 못하는 이런 상황에서
무료 급식과 무료 숙소가 절실히 필요했다.

피터가 제안한 '환대의 집'은
공동 거주지를 마련하자는 것이다.
인간미 없는 국가가 운영하는 그런 숙소가 아닌,
사랑과 헌신으로 운영해 환대가 넘치는
따뜻한 그런 집을 마련하자는 말이다.
가장 현실적인 방법은 아파트 몇 채를 임대해서
주방 담당자를 두는 것이다.

〈가톨릭 노동자〉의 성공에 힘입은 도로시는
'환대의 집' 구상을 구체적으로 고심했고,
이를 실행해 옮기기로 했다.

도로시는 환대의 집을 시작하게 된 이유를
이렇게 설명했다.

    "갈 곳이 없어 공원 벤치에 앉아 있거나
    길모퉁이에 우두커니 서 있는 사람들이
    피터와 내 눈에 들어왔어요.
    우리는 뭔가가,
    그것도 지금 당장 필요하다고 느꼈죠.
    누군가 한 사람이라도 힘껏 애쓴다면
    한 단계씩 나아갈 것이라고요.
    이것이 주님이 우리에게 원하는 것이라는 생각이 들었어요."

도로시는 1번 애비뉴 근처에 10명이 생활할
아파트를 얻어 우선 여성들부터 입주시켰다.
리투아니아 출신의 마거릿이 주방을 담당하기로 했는데,
마거릿은 주방만 담당한 것이 아니라
거리로 나가 신문도 팔았다.

이로써 지금까지 이어오는 '환대의 집'이 탄생했다.
얼마 뒤 도로시는 찰스 스트리트에 큰 집을 임대해

20명가량을 더 입주시켰다.

방학이면 대학생들이 와서 자원봉사를 했고,
그들 중 일부는 살던 지역으로 돌아가
그곳에서 환대의 집을 열었다.
이런 식으로 시작한 환대의 집은
여러 도시에 퍼져나가
불과 몇 년 만에 33군데로 늘어났다.

피터와 도로시는 환대의 집 사람들을 대상으로
다양한 교육을 진행했다.
교육의 기본은 신앙을 바탕으로 한
다양한 사상을 가르쳐,
스스로 홀로 설 수 있게 하는 것이다.

어느 날, 다리를 절고 눈도 잘 보이지 않는
노부인이 신문사를 찾아왔다.
이름은 메리 레인으로,
〈가톨릭 노동자〉의 독자이며 가톨릭 신자였다.
부인은 퇴직연금으로 생활하고 있는데,

신문을 읽고 가난한 사람에게 줄 옷가지를 챙겨서 왔다.

그 뒤로 도로시와 메리 레인은 절친이 되었고,
메리 레인은 매달 5달러씩 기부했다.
그러고는 부유한 친구인
거트루드 버크를 소개했는데,
버크는 홀어머니를 모시고 사는 싱글 여성이었다.

버크의 재산 중에 모트 스트리트에
커다란 집 한 채가 있었다.
앞집과 뒷집으로 나뉜 집으로,
앞집은 뒷집보다 두 배가량 길었다.
버크는 그 집을 무료로 임대할 테니
환대의 집으로 사용하라는 호의를 베풀었다.

이 건물은 한없이 낡았지만,
14년간 〈가톨릭 노동자〉와 '환대의 집' 본부가 되어
수많은 추억과 역사를 쌓았다.

전국에 33곳으로 늘어난 환대의 집은

작게는 몇 명에서 많게는 150명까지 거주할 수 있었고,

그곳에서 행하는 무료 급식에

하루에 5천 명가량이 한 끼를 때우고

새우잠일지언정 잠자리를 마련했다.

'환대의 집' 난로에는

항상 커피가 끓고 있었고

따뜻한 수프가 마련되어 있었다.

며칠을 지내거나 계속 머물러 있어도 상관없었다.

자발적 가난은

불편을 기꺼이 받아들이는 것이지만,

현실은 냉혹했다.

환대의 집을 찾는 사람들은

병든 이, 노숙자, 고아, 노인, 여행자 등 다양했고,

그들은 그저 묽은 수프와 빵, 커피를 받아

하루를 버텨야 했다.

또 그들 중에는 중병을 앓거나

정신이 온전치 않은 사람,

알코올 중독이나 마약 중독자들도 꽤 있어서
의료진의 치료가 절실히 필요한 상태였다.

예전에 간호사 공부를 한 경험을 되살려서
도로시는 이들을 성의껏 돌보았고,
되도록 의사의 진료를 받을 수 있는 방법을 찾았다.
도로시가 간호사 시절에 배운 교훈이 있었다.

'사람은 언제나 존엄한 존재로 인정받고 싶어 한다.'

도로시는 이 교훈을 절대로 잊지 않았다.
물론 그들과 함께하는 것이
늘 즐겁거나 만족스러운 것은 아니었다.
힘겹고 벅차서 현실로부터 도망치고 싶었던 적이
한두 번이 아니었다.
거친 싸움꾼들이나 비틀거리는 알코올 중독자들 또한
그리스도에 속한 사람들이라는 것을
인정하는 것이 힘겨울 때도 잦았다.

그러나 도로시에게 환대의 집은

하느님의 사랑을 실천할 장소였고,

낭떠러지에 내몰린 고달픈 이들에겐 마지막 위안이었다.

도로시는 이런 기회에 감사하며

자신과의 싸움에서 늘 이겼다.

〈가톨릭 노동자〉 신문도 '환대의 집'도

대대적인 성공을 거두어

가난한 노동자들의 교육장과

쉼터 역할을 톡톡히 해냈다.

그러나 아직은 시작 단계라 할 일이 태산이었다.

그런데 피터 모린은 이번에는

'농장 공동체'를 만들 차례라고 했다.

'농장 공동체'는 〈가톨릭 노동자〉와 '환대의 집'에 이어

피터가 실현하고자 한 마지막 사업이다.

그러나 도로시는 '농장 공동체'를 만들자는 제안에는
미온적인 태도를 보이며 앞장서지 않았다.
〈가톨릭 노동자〉와 '환대의 집'을
구상할 때와는 사뭇 태도가 달랐다.
도로는 도시 생활이 익숙했고,
〈가톨릭 노동자〉와 '환대의 집'만으로도
일이 차고 넘쳤다.

그러자 이번에는 피터가 먼저 나섰다.
주변의 젊은이들은 피터의 계획에
사뭇 상기되어
밤새도록 토론에 토론을 거듭하며
세부적인 계획을 세워나갔다.

마침내 그들은 스태튼섬 해변에
작은 농장 하나를 얻었다.

스태튼섬에 농장을 얻었다는 소식은
도로시의 미온적인 태도에 불을 지폈다.
스태튼섬이라면 추억이 있는 섬이 아닌가.

그곳에는 포스터와의 추억이 살아 있고,

사랑하는 타마가 태어난 곳이다.

늘 그리움이 숨 쉬는 섬.

1935년 봄, 피터는 젊은 가톨릭 노동자들과 함께

스태튼섬의 농장으로 이주했고,

그들은 꿈과 희망에 부풀었다.

그들의 아지트는 아주 작은 농장이라서

'가든 코뮌'이라는 이름이 붙었다.

그들은 가든 코뮌이 미래의 거대한 꿈을 이룰

'농장 공동체'의 틀이 될 것이라고 자부했다.

스태튼의 가든 코뮌에서 그들은

토마토와 콩, 호박 등의 채소를 재배해서

환대의 집으로 지어 날랐다.

그러자 신선한 채소를 공급받는 환대의 집에도

이득이 생겼고 활력이 넘쳐났다.

스티브 헤르게난,

그는 목수로 40년을 살았다.

그는 낮에는 유니언 광장을 배회하다가
밤이 되면 시립 숙박소에서 잠을 해결했다.
그러다가 유니언 광장에서 피터를 만나
원탁토론을 벌이며 피터와 친해졌다.

'일하기 싫어하는 자, 먹지도 말라.'

이것이 스티브의 신념이었다.
그에게 인간은 '일하는 자와 게으른 자'
두 부류였다.

모든 면에서 열정이 넘치는 스티브는
다방면에 박식했고 토론 실력도 출중했으며
글솜씨 또한 뛰어났다.
그는 〈가톨릭 노동자〉에 시립에서 운영하는
'공동 숙박소 생활과 노숙자들의 급식 실태'에
관한 기사를 썼다.
그는 기사에서 공무원들의 폭력, 형편없는 음식,
비루한 대우, 경멸과 멸시 등을 신랄하게 비판했고,
이 기사는 많은 이의 공감을 얻었다.

기사가 나가고

시립 공동 숙박소에 대한 비판이 일면서

여론이 안 좋아지자,

시 공무원들이 찾아와 회유와 협박을 했지만,

스티브는 끄떡도 하지 않았다.

피터와 스티브는 근본적으로 추구하는 철학이 같았다.

두 사람은 노동자들이 식구들과 함께

도시를 떠나 시골로 가야 한다고 것에 의견을 같이했다.

시골로 가서 집을 짓고 농사를 지으며

기도하는 삶을 사는 것이

가장 인간답게 사는 길이라는 것이다.

땅이야말로 사람답게 살 수 있는 유일한 곳으로,

피터는 늘 이렇게 외쳤다.

"땅에는 실업이 없다."

농장 공동체에는 누구나 할 일이 있다.

노인이나 아이들, 장애인들도 텃밭에서 할 일이 있다.

도시를 배회하며 누군가가 날 고용해 주기를
목 빠지게 기다릴 필요가 없다는 것이
피터와 스티브의 지론이었다.

가든 코뮌에서는 주말이면 피터가 주체하는
수련회나 세미나가 열렸다.
대학생들과 노동자들이 와서
함께 일하고 토론을 벌였다.
토론에서는 스티브가 압도적으로
뛰어난 재능을 보였다.
그는 쉰이 넘은 나이였지만,
그 누구보다도 토론에서 논리적이고 열정적이었다.

1935년 가을, 도로시는
볼티모어의 은퇴한 여교사로부터
편지 한 통을 받았다.
〈가톨릭 노동자〉 구독자인 그녀는
농장 공동체에 관심이 많으니
농장으로 쓸 땅을 사라며
천 달러를 기부하겠다는 내용이었다.

기부자가 내건 조건은 천 달러로 산 땅에
자신이 살만한 작은 집 하나를 지어달라는 것이다.

이 기부를 계기로 농장 공동체는 활기를 띠었다.
마침내 이듬해인 1936년 4월,
원하는 장소를 찾아냈다.
펜실베이니아 이스턴 근처에 있는 28에이커 부지였다.
이 땅을 사는데 1,250달러가 들었다.

새 농장 이름을 '마리아 농장'이라고 지었다.
마리아 농장은 아래로 델라웨어 지역과
뉴저지의 광활한 경작지가 보이는
아름다운 곳에 있어,
사람들에게 치유의 공간을 선사했다.

새 부지에 힘겹게 우물을 파는 데 성공하자,
스티브가 발 벗고 나섰다.
그의 40년 목수 인생은 참으로 쓸모가 많았다.
그는 2년 동안 어마어마한 정성을 들여
농장을 일구었고,

농장 노동자들도 그에게 집 짓는 법을 비롯해
다양한 건축 기술을 배워 힘을 보탰다.

약속대로 기부한 볼티모어 여교사의 집도 지어야 했다.
이 공사에도 스티브가 나섰다.
자재는 중고를 썼는데,
그들은 중고 벽돌을 깨끗이 다듬고
헌 목재에 박힌 못을 뽑아서 재사용했다.
집이 완성되자,
스티브는 집을 혼자서 다 지었다고 온갖 생색을 냈다.

천 달러를 기부한 여교사는 집이 마음에 들었고,
10년쯤 뒤 이 작은 집은
처음 기부한 금액보다 훨씬 더 비싼 가격에 팔렸다.

스티브는 이렇게 농장을 건설하고
얼마가 지나
암에 걸려 요양원에 입원했다.
그의 나이 56세였다.
도로시와 피터는 매일 그를 보러 가서

농장 생활에 대해서 이런저런 이야기를 해 주었다.

스티브는 도로시와 피터가 방문해서 들려주는

농장 이야기를 듣는 것이 즐겁고 행복했지만,

안타깝게도 하루하루 쇠약해졌다.

그리고 어느 날 아침,

그는 혼자서 세상을 떠났다.

스티브는 떠났지만,

마리아 농장은 점점 확장되었다.

스티브가 없었다면

짧은 시간 내에 이런 모습은 갖추지 못했을 것이라는

사실을 모두 인정하며,

농장 사람들은 오랫동안 스티브를 기억했다.

마리아 농장에서는

여름방학이면 가난한 아이들을 대상으로

여름 캠프를 열었다.

도로시의 딸 타마도 이 프로그램에 참여했다.

그들은 숲을 탐방했고

새끼돼지를 비롯한 가축들과도 놀았다.

타마는 농장이 참으로 마음에 들었다.

육체적이든 정신적으로든
도움의 손길이 필요한 많은 사람이 이 농장을 찾았다.
그들은 농장에 와서 밭일하고
가축도 키우며 몸과 마음의 병을 고쳤고,
공동체 생활을 배워 나갔다.

마리아 농장은 도로시의 생각보다
훨씬 더 성공적인 듯했다.
1936년 12월, 도로시는
〈가톨릭 노동자〉에 이런 기사를 내보냈다.

이달의 가장 행복하고 가장 기쁜 사건은
마리아 농장에 송아지가 태어난 것이다.
오후 3시에 빅토르는 물 주전자를 들고
헛간으로 가서 어미 소의 상태를 점검했다.
어미는 평화롭게 먹이를 우적우적 먹고 있었다.
한 시간 뒤에 짐과 존이 들어갔더니
그곳에 새끼가 있었다.

이 소식을 듣고 나는 서둘러 농장으로 내려갔다.

거기서 주변을 뛰어다니는 송아지를 보니,

우리는 모두 행복했다.

이런 행복은 인생에서는 거의 맛볼 수 없는

완전히 순수한 것이다.

〈가톨릭 노동자〉 창간 이후로

도로시는 미국 전역에서 강연 초대를 받았다.

이런 강연 초대는 도로시에겐 크나큰 스트레스였다.

가득 모인 낯선 사람들 앞에 서는 것도

그들 앞에서 강연을 해야 하는 것도

수줍음을 많이 타는 도로시에게는 힘겨운 행위였다.

그러나 극복하고 해야 한다는 것을

도로시는 잘 알고 있었다.

도로시는 자신이 추구하는

가톨릭 노동 운동의 정신과 철학을

사람들에게 알려야 했고,

그 메시지를 전파해야만 했다.

그렇기에 도로시는 어린 학생에서 교사, 의사,

교인, 노동자, 정치가 그룹에 이르기까지

온갖 강연은 모두 다니려고 노력했다.

이런 강연 투어는

도로시의 몸과 마음을 지치게 했지만,

이런 기회를 만들어 준 하느님께 감사했다.

도로시가 강연으로 신문사나 환대의 집을 비우면

여기저기서 불만의 소리가 터져 나왔다.

도로시가 없는 〈가톨릭 노동자〉와 환대의 집은

항상 사고와 위험이 도사리고 있었기 때문이다.

도로시와는 다르게

이리 저기 돌아다니며 강연하는 것을

즐기는 피터는 강연 요청이 있는 곳은

어디나 주저 없이 찾아갔다.

피터에게는 더 나은 사회를 건설하려는

자신의 사상을 전파하는 것이

삶의 유일한 목표였고,

그 목표를 향해 나아가는 것이 그에겐 더없는 행복이었다.

그는 강연 투어를 하면서 몇 날 며칠을

씻지도 옷도 갈아입지 않았고,

추운 날에 버스 정류장에서 잠을 자고,

여름에는 길바닥에서 자는 것을

아랑곳하지 않았다.

한 번은 피터가 뉴욕시의 한 마을에서

여성들을 대상으로 강연 초대를 받았다.

담당자가 기차역으로 피터를 마중 나오기로 했는데,

도로시에게 전화가 걸려왔다.

피터가 기차역에 없다는 내용이었다.

도로시는 담당자에게 분명히 피터가 기차역에 있을 테니

잘 찾아보라고 했다.

  "아무도 없어요. 벤치에 앉아 있는 부랑자만 빼고요."

  "아마 그분이 피터일 거예요."

또 한 번은 저명한 대학교수가

저녁을 함께하자며 피터를 집에 초대했는데,
교수의 아내가 피터를 보고
가스계량기를 검침하러 온 줄 알고
지하실로 내려보낸 적도 있었다.

피터에게 이런 에피소드는 수없이 많았지만,
피터는 전혀 개의치 않았고,
오히려 그런 상황을 즐기기도 했다.

1936년 7월 17일, 스페인에서 내란이 일어났다.
프랜시스코 프랑코 장군이 쿠데타를 일으켜
내전이 시작되었다.
프랑코 장군은 공산당을 내몰고
가톨릭교회를 지지할 것을 약속했다.
그러자 전 세계 로마 가톨릭은
프랑코 장군을 지지하고 나섰다.
그들은 하느님을 부정하는
공산주의에 대항하는 전쟁이 정당하다고 여겼다.

도로시는 프랑코 장군을 지지하지 않을뿐더러,

모든 전쟁에 반대했다.

전쟁은 사람과 국토를 황폐화할 뿐

아무런 이득이 없었다.

도로시는 〈가톨릭 노동자〉 지면에

전쟁 반대와 징집에 반대하는 기사를 내보냈다.

어떠한 경우라도

인간이 인간의 생명을 해치는 전쟁은

용인할 수 없다는 내용이었다.

그녀는 하느님의 말씀을 전했다.

　　"칼을 치워라.

　　칼을 쓰는 자 칼로 망하는 법이다."

〈가톨릭 노동자〉의 이런 입장은

충실한 정기 구독자들이 등을 돌리는 결과를 낳았다.

전쟁 반대 기사가 나가고 나서

수많은 정기 구독자가 구독을 취소했고,

신문 판매량도 뚝 떨어졌다.

이 여파로 환대의 집 몇 군데가

문을 닫아야 하는 시련을 겪었다.

그런데 스페인 전쟁은 서막에 불과했다.
독일에서 아돌프 히틀러가 폴란드를 침공하면서
본격적으로 제2차 세계대전에 돌입했다.
이 전쟁은 인류 역사상 가장 많은 인명 피해와
재산 피해를 남긴 파괴적인 전쟁으로 기록되었다.
그러나 아이러니하게도 이 전쟁은
미국의 모습을 완전히 바꾸어놓았다.

전쟁이 나자,
미국은 즉각적으로 신무기 공장을 가동했고,
전쟁에 가담할 만반의 준비태세를 갖추었다.
그러자 일거리가 없어서 거리를 배회하던
수많은 실업자가 신무기 공장에서 일하게 되었다.
이에 도로시는 〈가톨릭 노동자〉에 다음과 같이 썼다.

    우리는 이런 준비태세에 반대한다.
    이런 준비는 당연히 전쟁을 초래할 수밖에 없다.
    인간이 힘으로 상대를 꺾으려 한다면

점점 더 야만적이고 잔인한 힘이 필요하다.

폭력은 사랑으로 다루어야 한다.

설령 어떤 대가를 치르더라도 전쟁은 꼭 피해야 한다.

이런 도로시의 입장에 수많은 사람이 등을 돌렸다.
당시 뉴딜 정책으로도 미국의 대공황이
사그라들 조짐이 보이지 않았는데,
전 세계가 전쟁에 휘말리자,
미국은 신속히 무기를 생산해 수출하며
곳곳에서 미국 경제가 살아나기 시작했다.

전쟁 기간에 도로시는
끔찍한 고통 속에서 살아야 했다.
스트레스로 두통은 일상이 되어 버렸다.
조국에 대한 애국심이 없다며
도로시를 고소한 사람도 있었다.
〈가톨릭 노동자〉 본부로 몰려와서
폭력을 일삼는 사람들도 있었다.

도로시는 하루하루가 고통의 연속이었다.

난생처음 이런 비난에 노출되니
견디기가 쉽지 않았다.
이제 도로시는 예전의 불안정한 도로시는 아니었지만,
그렇다고 잔혹한 비난에
아무 거리낌 없이 맞닥뜨릴 배짱은 없었다.

힘겨울 때마다
도로시는 타마를 생각하며 위안을 얻었다.
당시 타마는 학교에 다니지 않고
마리아 농장에서 생활하고 있었다.
제도권 학교에 다녀보았으나,
아이는 그곳이 답답하고 숨 막힌다며
다니기를 거부했다.

타마는 커가면서 자신이 무엇을 하고 싶은지를
구체적으로 생각하기 시작했다.
뭔가를 만드는 일에 흥미가 많았고,
재주도 있었다.
〈가톨릭 노동자〉에서 개최하는
활동 프로그램에도 꽤 적극적으로 참여했고,

훌륭한 강의를 찾아다녔으며,
방문객이나 자원봉사 젊은이들에게도
많은 호기심을 보였다.

타마는 특히 자원봉사 나온 남학생들에게
관심이 많았고,
일찍 결혼해 농장에서 살고 싶었다.
어릴 때부터 엄마와 자주 떨어져 살아서 그런지,
빨리 따뜻한 가정을 꾸리기를 원했다.

그러던 중 타마는 마리아 농장에 온 청년
데이비드 헤네시를 만났다.
두 사람은 곧 사랑에 빠졌고,
데이비드는 타마에게 청혼했다.
당시 타마의 나이 열여섯 살이었다.

도로시는 이 결혼이 탐탁하지 않았으나,
딱히 반대할 명분도,
딸아이의 깊은 사랑을 방해할 수도 없었다.
도로시는 타마가 빨리 가정을 꾸려

평범한 결혼 생활을 하고 싶어 하는 마음을 이해했다.

1944년 4월, 타마와 데이비드는
마리아 농장 근처 교회에서 결혼식을 올렸다.
가난한 결혼식이었지만
아름답고 행복한 결혼식이었다.

밤새 잠을 설친 도로시는 새벽부터 일어나
어린 부부를 위해 진심을 담아 기도하고,
결혼 의식과 아침 식사 준비를 시작했다.
가진 것이 없으니,
화려하게 준비할 수는 없었지만,
도로시는 마음을 담아 따뜻한 아침 한 끼를 준비했다.
혼인 미사는 오전 9시였다.

피터가 피로연에서 연설하기로 했다.
가톨릭의 결혼 의식에 연설은
빠질 수 없는 중요한 요소였고,
유난히 행사를 좋아하는 피터는
새벽부터 일어나서 분주하게 다니며

손님 맞을 준비에 신이 났다.

거기다 피터는 피로연에서 하기로 한 연설 때문인지
몹시 흥분한 상태였다.
그의 연설은 언제나 멋지고 훌륭했다.
그러나 애석하게도 이번 피로연 연설이
그에게서 들을 수 있는 마지막 연설이었다.

할 일은 다 마쳤다 _____ 11

피터가 쓰러졌다.

나이 칠순을 바라보는 피터는

잠자는 도중 발작을 일으켰는데,

뇌졸중이었다.

그의 생애 마지막 5년은 고통의 나날이었다.

몸에 마비가 와서 마음대로 움직일 수 없었고,

정신도 온전치 못했다.

농장의 버팀목이던 피터가 몸져눕자,

마리아 농장에 권력다툼이 생겼다.

전쟁을 치르며 농장 사람들이

점점 피폐하고 공격적으로 변해갔다.

하느님의 말씀을 빙자해,

남의 것을 빼앗는 이들도 생겼다.

그러면서 그것이 마치 하느님의 구원인 것처럼 떠들어댔다.

이제 이 농장도 생명을 다한 듯이 보였다.

피터처럼.

1947년, 도로시는 피터가 없는 마리아 농장을

통제할 수 없었고,

결국 정리하기로 마음먹었다.

마리아 농장은 피터가 가장 사랑한 곳이었기에

어떻게 하든 유지하고 싶었으나,

그러기엔 역부족이었다.

농장 일부는 그곳에 사는 가족들에게 나눠 주고,

나머지는 이웃에게 팔았다.

그리고 뉴욕에 '피정의 집'을 열 계획을 세웠다.

이 소식을 들은 〈가톨릭 노동자〉 독자들이

1만 달러를 보내왔고,

도로시는 1만 6천 달러에 땅을 사서,
'피정의 집'을 열었다.

많은 사람이 피정의 집을 찾아와 주말을 보내거나
주중 토론 모임에 참석했으며,
사람들은 이곳을 '뉴욕의 마리아 농장'이라고 불렀다.

도로시가 뉴욕에 피정의 집을 연 것은
비단 다른 사람들만을 위한 것은 아니었다.
남들에게 도움을 주려면
도로시 자신도 달콤한 샘물을 마셔야 했다.
그래야 처한 어려움도 이겨내며
삶을 살아갈 수 있을 테니 말이다.

도로시는 이번 전쟁으로,
마리아 농장 정리 건으로,
몸과 마음이 힘들고 지쳐 있었다.

"몸을 위한 음식만으론 부족하니,
영혼을 위한 음식도 있어야 한다."

도로시의 말은 맞는 말이었다.
피정의 집은 도로시에게 영혼의 음식을 나눠 주었다.

주말에 피정의 집에서 산책하고 돌아온 어느 날,
도로시가 다음과 같은 글을 썼다.

　'우리는 야생 체리나무 사이나

　아주 오래된 거대한 참나무 아래를 걸었다.

　걷다가 힘들면 단풍나무나 소나무 아래에 앉아서

　지나가는 차들을 보았다.

　이 농장은 사계절 내내 아름답다.'

피터는 점점 기억을 잃었고,
결국 아무것도 기억하지 못했다.
그는 다리를 질질 끌면서 다녔고,
3일이나 길을 잃고 헤맨 적도 있었다.

하지만 피터는 기억을 잃기 전에
이미 자기 일을 다 마쳤다.

"내가 할 수 있는 일은 다 했고,

   내가 할 말은 모두 글로 남겼다."

피터도 이렇게 말했었다.

그가 쓰러졌을 때

누구 하나 가릴 것 없이 그를 극진히 돌보았고,

모두가 그 일을 영광으로 여겼다.

1949년 6월 15일, 래리 해니라는 사람이 죽었다.

피터가 참 좋아한 사람이었다.

장례식에 참석하기 전에

도로시는 피터에게 알려야겠다고 생각하고

그에게로 갔다.

   "래리 해니 알아요?"

   "그럼요."

   "그가 죽었어요.

   "이제 하늘나라에서 당신을 기다리는 사람이 있어요."

도로시의 말을 듣자,

그는 아주 환하게 미소를 지었다.

실로 오랜만에 보는 그의 환한 얼굴이었다.

그것이 도로시가 본 피터의 마지막 모습이다.

그날 밤 11시에 피터는 기침을 심하게 했고,

몸을 일으키려다가 베개 위로 쓰러졌다.

그의 숨소리가 가빴다.

그를 돌보던 한스가 사람들을 불렀다.

그들은 피터 옆에 앉아서 임종을 위한 기도를 올렸다.

그리고 곧 피터는 세상을 떠났다.

그의 나이 72세였다.

도로시는 래리 해니의 장례식에 들렀다 오다가

밤늦게 피터의 죽음을 전하는 전화를 받았다.

도로시는 무릎을 꿇고

고인을 위해 한참을 기도했다.

피터의 시신은

모트 스트리트 〈가톨릭 노동자〉 사무실로 옮겨졌다.

하루 종일 이웃들과 친지들, 성직자들,
노동자들의 조문이 이어졌다.

타마도 왔다.
도로시와 타마는 그날 밤을 피터 옆에서 지새우며
고인과 마지막 작별을 했다.

장례식은 다음 날 아침 9시,
모트 스트리트의 살레시오 교회에서 거행되었고,
피터 모린은 퀸스 행정구의
성 요한 묘지 경내에 묻혔다.

그렇게 해서 ——————————— 12
세상을 바꿀 수 있을까요?

14년 동안 〈가톨릭 노동자〉와

'환대의 집' 본사였던 건물이 팔렸다.

그동안 무료로 임대한 건물 소유주가

이 건물을 매매하기로 결정했다며,

소식을 전해왔다.

도로시는 발품을 팔아서 크리스티 스트리트에서

적당한 건물을 찾아냈다.

방들도 크고, 널따란 뒷마당도 있어서

토론 광장으로 이용하기에 안성맞춤이었다.

또 이 집에는 도서관과 공방을 마련할 공간이 있었고,

무엇보다도 온수가 나왔다.

제2차 세계대전이 드디어 막을 내렸고,
엄청난 전쟁을 겪은 사람들은
점점 더 삭막해졌고,
부상과 죽음의 공포에서 한동안 헤어나오지 못했다.

당시 〈가톨릭 노동자〉에는
전쟁과 평화를 주제로 한 글이 많이 실렸는데,
생동감과 활력 넘치는 것으로 말하자면
단연 애먼 헤네시가 으뜸이었다.

그는 징병을 거부해 수년간 수감생활을 했고,
소득세 내는 것을 거부했다.
정부가 세금을 거두어
그것을 전쟁에 사용하기 때문이었다.

애먼은 평화주의자였고,
자신의 신념에 따라 살아갔지만,
그는 개신교로 가톨릭에는 거부감이 있었다.

그렇기에 〈가톨릭 노동자〉에서 활발히 활동하면서도
종종 거부감을 드러내곤 했다.
하지만 그는 언제나 노동자 편에 선
〈가톨릭 노동자〉를 존중했다.

한 번은 그가 피켓을 들고 1인 시위를 하고 있는데,
지나가는 사람이 물었다.

"그렇게 해서 세상을 바꿀 수 있을까요?"

그러자 그는 이렇게 답했다.

"제가 세상을 바꿀 수 없을지도 모르죠.
그러나 세상이 나를 바꿀 수 없다는 건 확실합니다."

큰 키에 마른 편인 56세의 애먼은
도로시를 처음 보았을 때부터 남다른 감정을 느꼈다.
그는 도로시와 남은 생을 함께할 수만 있다면
그런 행복이 없으리라 생각했다.
그는 노동 운동에 열성적인 것처럼,

사랑 표현도 열렬했다.

애먼은 시위를 하려고 먼 길을 떠나면
어김없이 도로시에게 연애편지를 보내왔다.

　'당신과 나는 참으로 힘겨운 삶을 살았어요.
　이제부터 우리 함께 쉬운 삶을 사는 것은 어떤가요?
　난 지금 당장 당신을 안고 키스하고 싶어요.'

어느 날 애먼은 도로시에게 청혼했다.
종교가 문제라면
기꺼이 가톨릭으로 개종하겠다고 했다.

도로시는 포스터와 헤어진 이후로
그 누구와도 사귄 적이 없었고,
인생에서 그가 마지막 남자라고 생각하고 살았기에,
애먼의 이런 행동에 난감해하며 얼굴이 붉어졌다.

도로시는 애먼을 깊이 존경했지만,

그와의 결혼을 생각지는 않았다.

설령 그가 자신의 바람대로

가톨릭으로 개종한다고 해도 말이다.

도로시는 애먼에게 솔직한 마음을 전했고,

애먼은 안타까웠지만,

어쩔 수 없이 마음을 접었다.

그러나 두 사람은 10년 넘게

친구로 지내며 소중한 인연을 이어갔다.

도로시는 바쁜 와중에도

저술 활동엔 손을 놓지 않았다.

1938년에는 가톨릭 신자가 되기까지의

여정을 그린 『유니언 광장에서 로마까지』를,

1939년에는 모트 스트리트 본부의 삶을 그린

『환대의 집』을 출간했다.

또 1952년, 자신의 일생을 담은 자서전

『기나긴 외로움』을 출간했으며,

가톨릭 노동자 운동을 시작한 지

30주년이 되는 해인 1963년,

그때까지 가톨릭 노동자 운동의 역사를 정리한

『빵과 물고기』를 출간했다.

『빵과 물고기』에서는 피터 모린과의 만남에서부터

〈가톨릭 노동자〉의 출간,

환대의 집과 마리아 집 운영 등에 관해서

자세하게 기록했다.

"세상을 바꾸고자 했습니다.

인간이 자기 운명의 주인으로서

아름다운 삶을 누릴 수 있는

그런 세상을 꿈꾸었습니다."

1973년 8월, 도로시가 체포되었다.

도로시는 캘리포니아의

농장노동자연합 시위에 참여했는데,

요구 사항은 농장의 작업 환경 개선과

노조를 만들 수 있는 권리는 달라는 것이었다.

그러나 이것은 받아들여지지 않았고,
경찰은 천 명이 넘는 사람들을 체포했고,
도로시도 여기에 포함되었다.

도로시가 감옥에 갇혔다는 소식이 사진과 함께
전국 신문에 대문짝만하게 실렸다.
기사는 소외된 노동자들을 위해 일생을 바친
용맹스러운 여성에 관한 내용이었다.
그러나 신문에 실린 사진을 보면
그 여성은 허약하고 지친 노인에 불과했다.
그도 그럴 것이 이제 도로시는 칠순을 훌쩍 뛰어넘은
75세였으니 말이다.

도로시는 2주간 투옥되었는데,
젊은 시절 투옥에 비하면 평온한 시간을 보냈다.
함께 투옥된 시위자들이 도로시 죄수복에
그녀를 위한 좋은 말을 써 주었는데,
도로시는 그 옷을 입고 수감생활을 했다.

"그곳이 교도소만 아니라면 쉬기에는 그만인 장소였어요."

풀려난 도로시는 몰려든 기자에게 이렇게 말했는데,
이것은 농장 노동자들의 생활 환경이
감옥보다도 훨씬 더 좋지 않다는 뜻이었다.
경제는 조금씩 나아지는 듯했지만,
농장 노동자들에겐 먼 나라 일이었다.

1973년, 도로시는 노트르담 대학교에서
레테르 훈장을 받았다.
대학교 측은 수상 이유를 이렇게 밝혔다.

'도로시 데이는 괴로운 사람은 편안하게 해 주고
편안한 사람을 괴롭힌 탓에 이 상을 받는다.'

1974년에는 예수회 회원들이 수여하는 이삭 헤커상을
1975년에는 간디 평화상을 받았다.

물론 도로시에게 이런 상은 큰 의미는 없었다.
도로시는 생전에 자신을 성인으로
우러러보는 사람들에게 이렇게 말했다.

"나를 성인으로 부르지 마세요.

나는 그리 쉽사리 물러나고 싶지 않답니다."

1976년 8월 6일, 도로시는

세계 가톨릭성채대회에 참석했다.

필라델피아에서 열리는 이 행사에서 도로시는

마더 테레사와 함께 강연자로 참석했다.

마더 테레사는 도로시를 진심으로 존경했고,

함께 강연자로 나선 것을 영광으로 여겼다.

도로시가 강연장에 들어서자,

청중이 모두 일어나서 박수로 맞이했다.

도로시는 다음과 같은 말로 강연을 시작했다.

"우리 모두 조금만 더 가난해지도록 노력해요.

제 어머니는 언제나 모두 조금씩만 나누면

한 사람 몫이 더 나온다고 말씀하셨지요.

어머니의 식탁에는 항상

한 사람 몫의 자리가 더 있었답니다."

이것은 도로시가 대중 앞에 선 마지막 강연이었다.

이제 팔순을 눈앞에 둔 도로시는

점점 건강이 나빠졌고, 활력도 잃어갔다.

조금만 걸어도 멈추어 서서 숨을 헐떡일 정도였고,

한 번 감기에 걸리면 몇 주가 지나도 낫지 않았다.

검진 결과 동맥과 심장에 이상 소견이 나왔다.

도로시는 이제는 모든 것을

내려놓을 때가 되었음을 감지하고는,

신문사 일과 환대의 집, 뉴욕의 마리아 집 등의

일을 모두 넘겼다.

그러나 〈가톨릭 노동자〉에

글을 싣는 행복만은 조금 더 누리고 싶었다.

이제 도로시는 아침에 깨어

'시편'을 읽으면서 하루를 여유 있게 시작한다.

기도하고 한가하게 책을 읽으며

보내는 시간이 생기니 행복했다.

언제나 바쁘고 시간에 쫓기던 도로시에게는

이때처럼 정신적으로 물질적으로 여유로운 시간은 없었다.

참으로 행복한 노년이었다.

여동생 델라가 도로시를 자주 방문해 살폈고,
찾아오지 못할 때는 편지를 보내왔다.
남동생 존 부부도 여전히 가까이 지냈고,
그들 역시 자주 편지를 보내왔다.

안타깝게도 타마의 삶은 평탄치 않았다.
남편 데이비드 헤네시는 강인하지 못했고
아이가 9명이나 되는 가정을 지키기에는
책임감이 턱없이 부족했다.
시작부터 가난했던 어린 부부의 삶은
나날이 가혹해졌고,
이런 현실적인 고통의 대부분이 타마 차지였다.
결국 둘은 아홉째 아이를 낳고 헤어졌다.

도로시는 노년에 타마의 아버지이자
옛사랑 포스터 배터햄를 다시 만났다.
노년의 두 사람은 다시 만나 서로의 삶을 위로했고,
두 사람은 사랑스러운 딸인 타마의
현실적 고통을 도우려고 애썼다.

불행히도 포스터는 암 투병을 하고 있었지만,

도로시 곁에 있어 주려고 노력했기에,

그녀의 마지막은 외롭지 않았다.

"사랑하는 내 딸아이의 아버지는

여섯 번이나 수술을 받아야 했고,

그는 지팡이를 짚고 다리를 절룩이면서도 나를 보러온다.

내 주변을 어슬렁거리는 그가 좋다."

1980년 11월 29일 저녁,

도로시는 평화롭게 눈을 감았다.

그녀의 나이 83세였다.

소원대로 딸 타마가 지켜보는 가운데

조용히 죽음을 맞았다.

도로시는 수많은 사람에게

사랑과 용기, 나눔을 남겼지만,

물질적으로 남긴 것은 거의 없었다.

그녀가 세상을 떠났을 때

수중에는 장례 비용조차 남아 있지 않았다.

장례식은 3일 뒤인 12월 2일,
예수탄생기념 교회에서 치러졌다.
장례 미사는 오전 11시였다.
도로시 데이의 장례식 이틀 전,
뉴욕 대교구의 교구장인 테렌스 쿠크 추기경의
비서가 전화를 걸어왔다.
추기경의 중요한 약속 시각과
도로시 데이의 장례 미사 시간이 겹치니
장례 미사를 한 시간 당겨서
오전 10시로 옮겨달라는 부탁이었다.

타마가 장례식을 11시로 잡은 까닭은
그 시간이 무료로 제공되는 아침 식사가 끝나고
부엌을 청소한 뒤
점심 식사를 준비하기 전까지
약간의 여유가 있는 시간대였기 때문이었다.
어머니의 뜻을 받든 타마에게는
그 무엇보다도 가난하고 배고픈 사람들을
제때 먹이는 무료 급식이 중요했다.

이를 이해한 추기경은

도로시의 가는 길을 배웅하기 위해

중요한 약속을 미루고 장례 미사에 참석했다.

쿠크 추기경이 미사를 막 시작하려는데,

비루한 행색의 남자가

갑자기 고인의 관 앞으로 뛰어들었다.

그의 옷은 더러웠고

머리카락은 길고 엉켜 있어,

마치 부랑자 같았다.

놀란 조문객들은 바삐 그를 끌어내려 했는데,

그는 고인의 관 위에 머리를 깊이 숙이고는

알아들을 수 없는 말을 중얼거리고는,

홀연히 관중 속으로 모습을 감추었다.

이 모습은 흡사 거룩해 보이기까지 했다.

장례 미사가 끝나고

8백 명이 넘는 조문객 행렬이

소나무로 만든 고인의 관을 따라 이어졌다.

타마의 아이들이 할머니 장례 행렬 앞에 섰고,

그 뒤로 타마와 포스터, 남동생 존이 따랐다.

여동생 델라는 미리 하늘나라로 가서 언니를 기다렸다.

도로시는 스태튼섬의

그리스도 부활 공동묘지에 묻혔다.

한때 그녀가 행복한 삶을 살았던 장소에서

멀지 않은 곳이었다.

묘비에는 빵과 물고기 문양과 함께

'데오 그라티아스(하느님께 감사합니다)'라는 글이 새겨졌다.

세상을 바꾸고자 했습니다.

인간이 자기 운명의 주인으로서

아름다운 삶을 누릴 수 있는

그런 세상을 꿈꾸었습니다.

여성으로 태어나서

도로시 데이

첫판 1쇄 발행 2022년 03월 23일

지은이 윤해윤

디자인(본문, 표지) 빈집 binjib.com

발행인 권혁정 | **펴낸곳** 나무처럼

주소 고양시 일산동구 강촌로26번길 49, 3층

전화 031) 903-7220 | **팩스** 031) 903-7230

E-mail nspub@naver.com

ISBN 978-89-92877-50-3 (44330) (세트)

　　　978-89-92877-58-9 (44330)

제조국 대한민국 사용연령 10세 이상

제조년월 2022년 3월